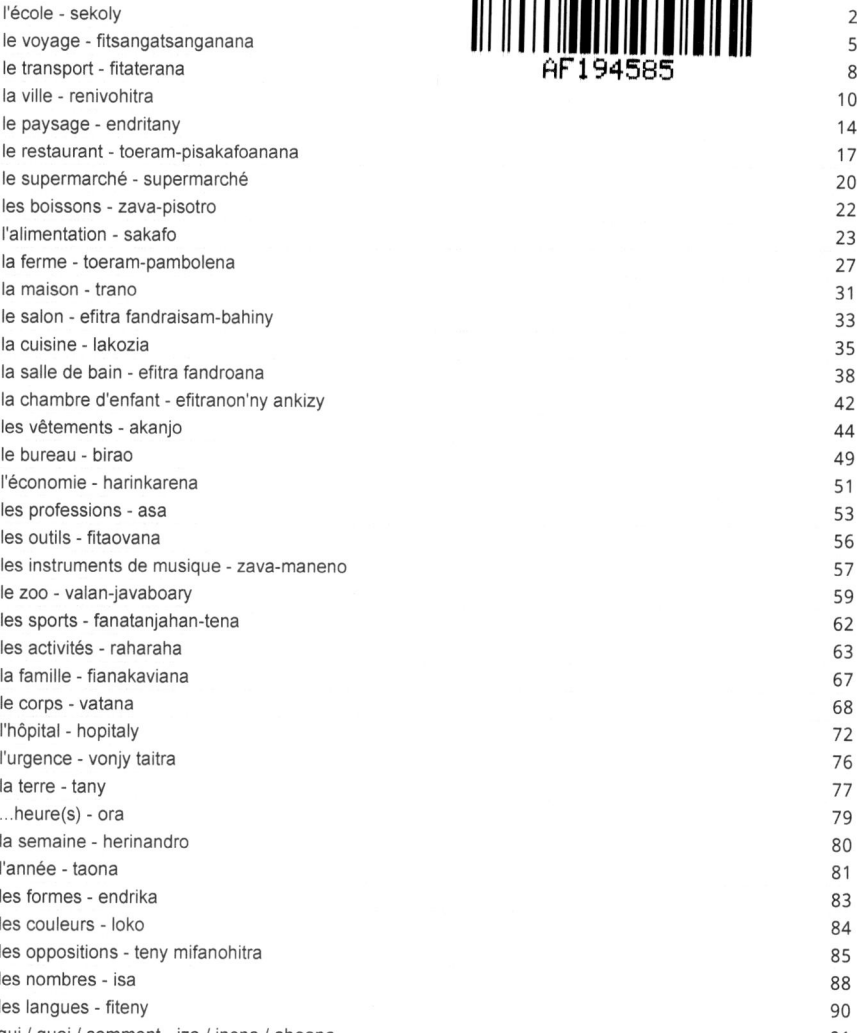

Impressum
Verlag: BABADADA GmbH, Nedderfeld 112 , 22529 Hamburg
Geschäftsführer / Verlagsleitung: Harald Hof
Druck: Books on Demand GmbH, In de Tarpen 42, 22848 Norderstedt

Imprint
Publisher: BABADADA GmbH, Nedderfeld 112 , 22529 Hamburg, Germany
Managing Director / Publishing direction: Harald Hof
Print: Books on Demand GmbH, In de Tarpen 42, 22848 Norderstedt

l'école
sekoly

la salle de classe
efitrano fianarana

diviser
mizara

186/2

le tableau noir
solaitrabe

la cour (de récréation)
tokontanin-tsekoly

le professeur
mpampianatra

le papier
taratasy

écrire
manoratra

le stylo
penina

le bureau
latabatra

la règle
fitsipika

le livre
boky

l'élève
ankizy mpianatra

le cartable

kitapo

la trousse

torosy

le crayon

pensilihazo

le taille-crayon

fandrangitana pensilihazo

la gomme

gaoma

le carnet à dessin

karne fanaovana sary

le dessin
sary

le pinceau
borosy fandokoana

la boîte de peinture
boaty loko

les ciseaux
hety

la colle
lakaoly

le cahier d'exercices
kahie fampiasàna

les devoirs
enti-mody

le chiffre
tarehi-marika

additionner
manampy

soustraire
manala

multiplier
mampitombo

calculer
mikajy

la lettre
taratasy

l'alphabet
abidia

le mot
teny

le texte

lahatsoratra

lire

mamaky

la craie

tsaoka

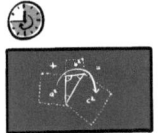

la leçon

lesona

le livre de classe

boky fianarana

l'examen

fanadinana

le certificat

sertifikà

l'uniforme scolaire

fanamian'ny mpianatra

la formation

fiofanana

le lexique

raki-pahalalana

l'université

oniversite

le microscope

mikraoskaopy

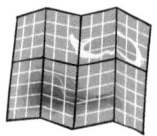

la carte

sarintany

la corbeille à papier

fanariana fako taratasy

le voyage
fitsangatsanganana

l'hôtel
hôtely
Grand
l'auberge
tranom-bahiny
ROOMS
le bureau de change
toerana fanakalozana vola
CHANGE
la valise
valizy
la voiture
fiara

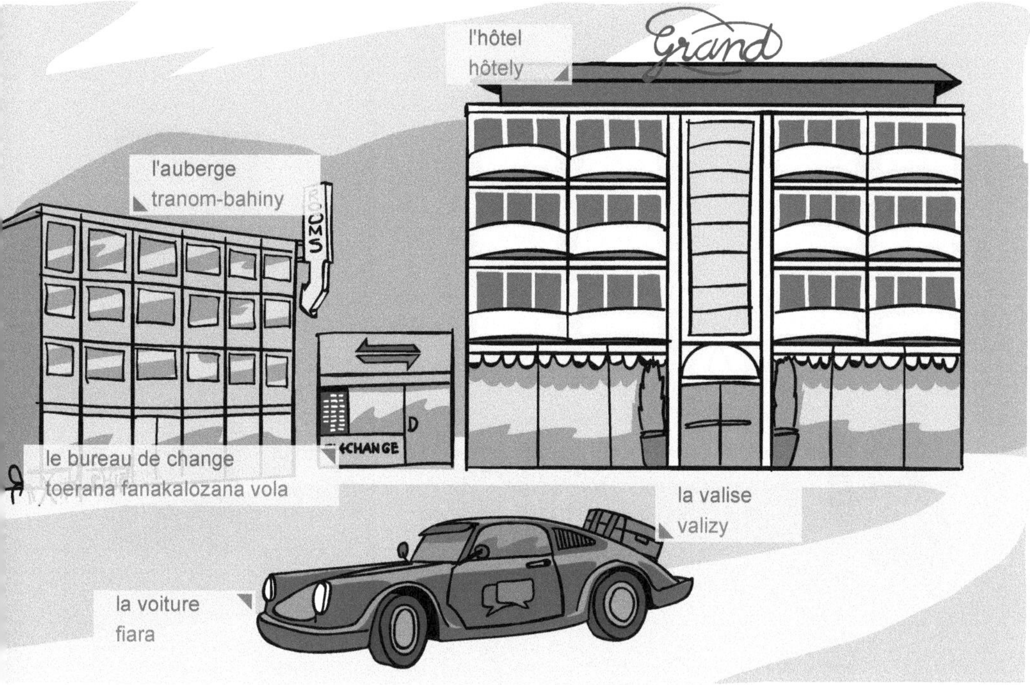

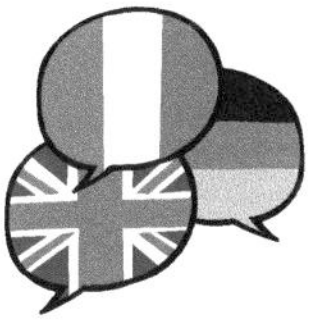

la langue

fiteny

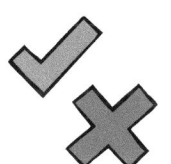

oui / non

eny / tsia

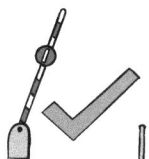

d'accord

Eny àry

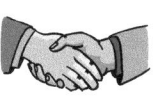

Salut

salama

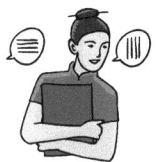

l'interprète

mpandika teny

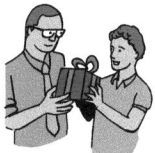

merci

Misaotra

Combien coûte...?

ohatrinona...?

Je ne comprends pas

Tsy azoko izany

le problème

olana

Bonsoir !

Salama ô!

Bonjour !

Arahaba tra-maraina e!

Bonne nuit !

Tsara mandry ô!

Au revoir

veloma

la direction

fitantanana

les bagages

entan'ny mpandeha

le sac

harona

le sac-à-dos

kitapo

l'hôte

vahiny

la pièce

efitrano

le sac de couchage

fandriana enti-tànana

la tente

tanty

l'office de tourisme

birao miandraikitra ny fizahantany

la plage

moron-tsiraka

la carte de crédit

fahana amin'ny karatra

le petit-déjeuner

sakafo maraina

le déjeuner

sakafo atoandro

le dîner

sakafo hariva

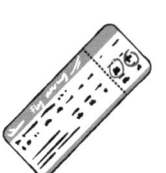

le billet

tapakila

l'ascenseur

ascenseur

le timbre

hajia

la frontière

tany manasaraka

la douane

fadin-tseranana

l'ambassade

ambasady

le visa

visa

le passeport

pasipaoro

le transport

fitaterana

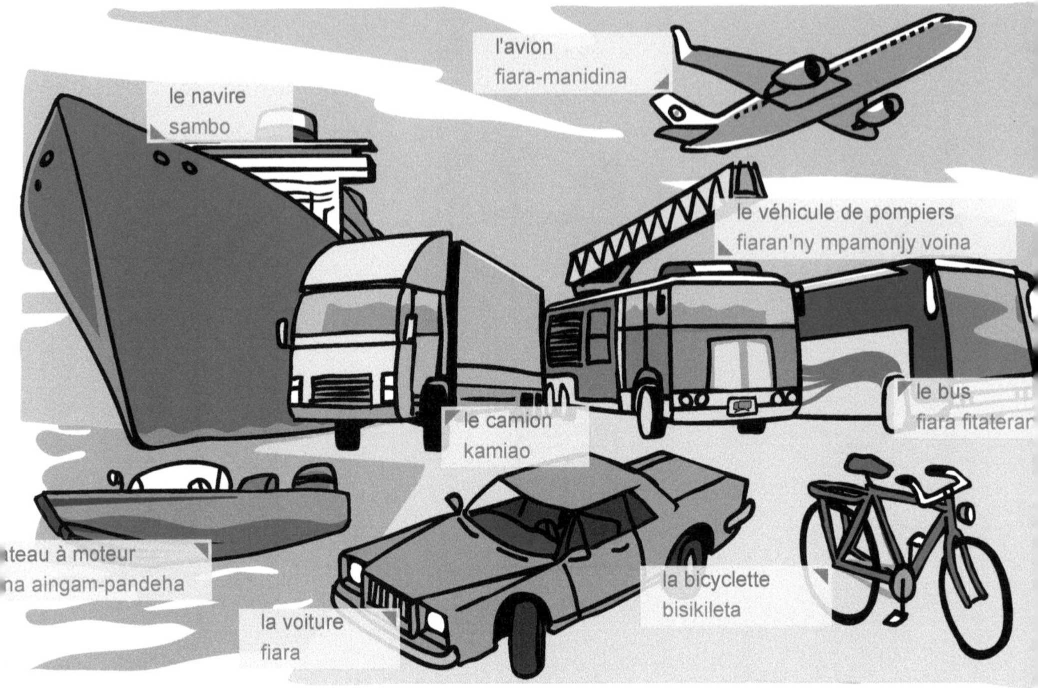

l'avion
fiara-manidina
le navire
sambo
le véhicule de pompiers
fiaran'ny mpamonjy voina
le bus
fiara fitateran
le camion
kamiao
teau à moteur
na aingam-pandeha
la bicyclette
bisikileta
la voiture
fiara

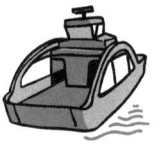

le ferry
sambobe

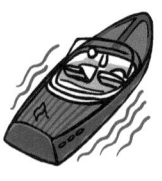

la barque
sambo

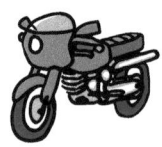

la moto
môtô

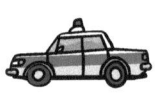

la voiture de police
fiaran'ny polisy

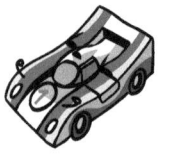

la voiture de course
fiara mpihazakazaka

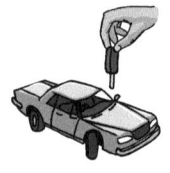

la voiture de location
fiara fanofa

l'auto-partage

zara fiara

la voiture de remorquage

fiara etsy babeko

la benne à ordures

fiara mpitatitra fako

le moteur

môtera

l'essence

solika

la station d'essence

tobin-tsolika

le panneau indicateur

tondro fifamoivoizana

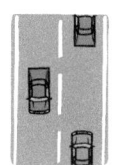

le trafic

fifamoivoizana

l'embouteillage

fitohanan'ny fifamoivoizana

le parking

fitobian'ny fiara

la gare

fiantsonan'ny fiaran-
dalamby

les rails

lalamby

le train

fiaran-dalamby

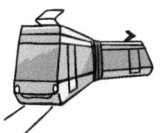

le tramway

tramway

le wagon

kalesy

l'hélicoptère

angidimby

l'aéroport

seranam-piaramanidina

la tour

tilikambo

le passager

mpandeha

le conteneur

kaontenera

le carton

baoritra

le chariot

chariot

la corbeille

harona

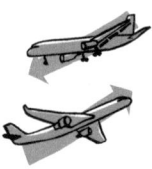

décoller / atterrir

miainga / midina

la ville

renivohitra

le village

ambanivohitra

le centre-ville

afovoan-tanàna

la maison

trano

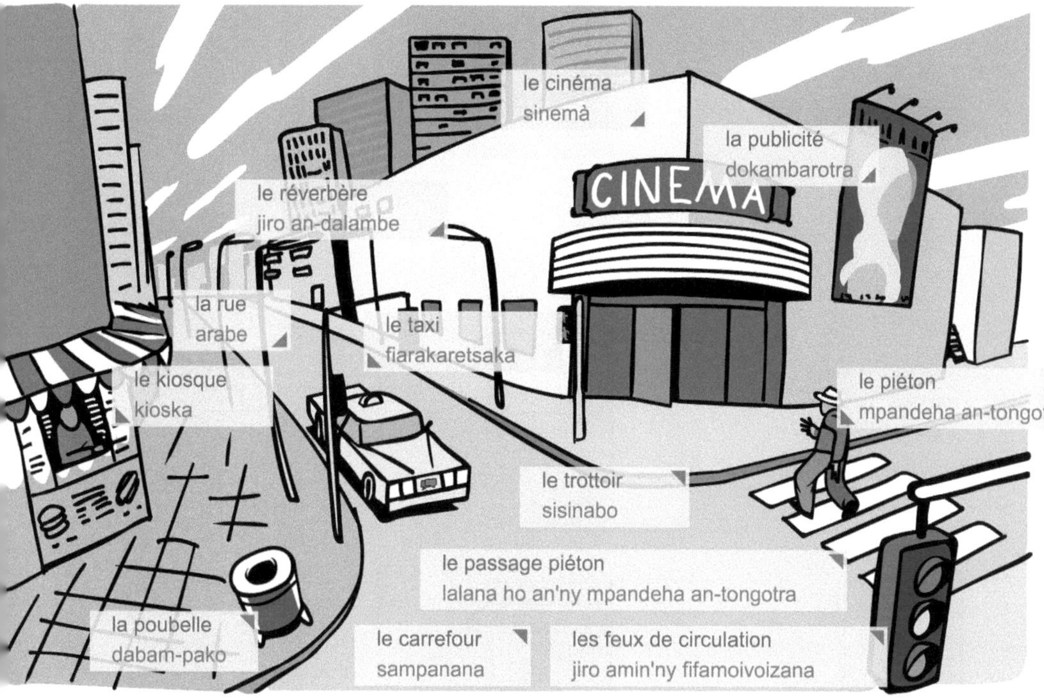

le cinéma
sinemà

la publicité
dokambarotra

le réverbère
jiro an-dalambe

CINEMA

la rue
arabe

le taxi
fiarakaretsaka

le piéton
mpandeha an-tongot

le kiosque
kioska

le trottoir
sisinabo

le passage piéton
lalana ho an'ny mpandeha an-tongotra

la poubelle
dabam-pako

le carrefour
sampanana

les feux de circulation
jiro amin'ny fifamoivoizana

la cabane

trano bongo

l'appartement

tranobe

la gare

fiantsonan'ny fiaran-
dalamby

la mairie

firaisana

le musée

donia

l'école

sekoly

l'université

oniversite

la banque

banky

l'hôpital

hopitaly

l'hôtel

hôtely

la pharmacie

farmasia

le bureau

birao

la librairie

fivarotam-boky

le magasin

fivarotana

le fleuriste

mpivarotra voninkazo

le supermarché

supermarché

le marché

tsena

le grand magasin

tranobe fivarotana

la poissonnerie

mpivarotra trondro

le centre commercial

toeram-pivarotana lehibe

le port

seranana

le parc

valan-javaboary

la banque

latabatra

le pont

tetezana

les escaliers

totohatra

le métro

metrô

le tunnel

tonelina

l'arrêt de bus

fiantsonan'ny fiara
mpitondra olona

le bar

bara

le restaurant

toeram-pisakafoanana

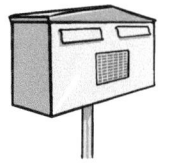

la boîte à lettres

boatin-taratasy paositra

le panneau indicateur

famantarana an-arabe

le parcmètre

parcmètre

le zoo

valan-javaboary

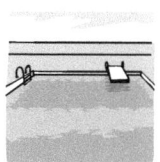

le réverbère

dobo filomanosana

la mosquée

moskea

la ferme
toeram-pambolena

la pollution
loto

la cimetière
fasana

l'église
trano fiangonana

l'aire de jeux
tokontany filalaovana

le temple
tempoly

le paysage
endritany

la feuille
ravina

le panneau indicateur
tondro famantarana

le chemin
làlana

le pré
kijana

la pierre
vato

l'arbre
hazo

le randonneur
mpihani-bohitra

la rivière
renirano

l'herbe
bozaka

la fleur
voninkazo

la vallée
lemaka

la montagne
vohitra

le lac
laka

la forêt
ala

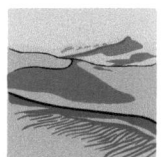

le désert
tany hay

le volcan
volkano

le château
rova

l'arc-en-ciel
avana

le champignon
holatra

le palmier
hazom-boanio

le moustique
moka

la mouche
lalitra

les fourmis
vitsika

l'abeille
tantely

l'araignée
hala

le coléoptère

voangory

la grenouille

sahona

l'écureuil

vontsira

le hérisson

trandraka

le lièvre

bitro

la chouette

vorondolo

l'oiseau

vorona

le cygne

gisabe

le sanglier

lambo

le cerf

cerf

l'élan

voalavo

le barrage

toha-drano

l'éolienne

helisy ahodin-drivotra

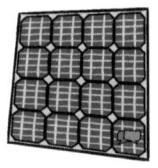

le panneau solaire

takela-masoandro

le climat

toetr'andro

le restaurant
toeram-pisakafoanana

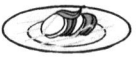

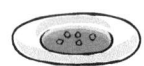

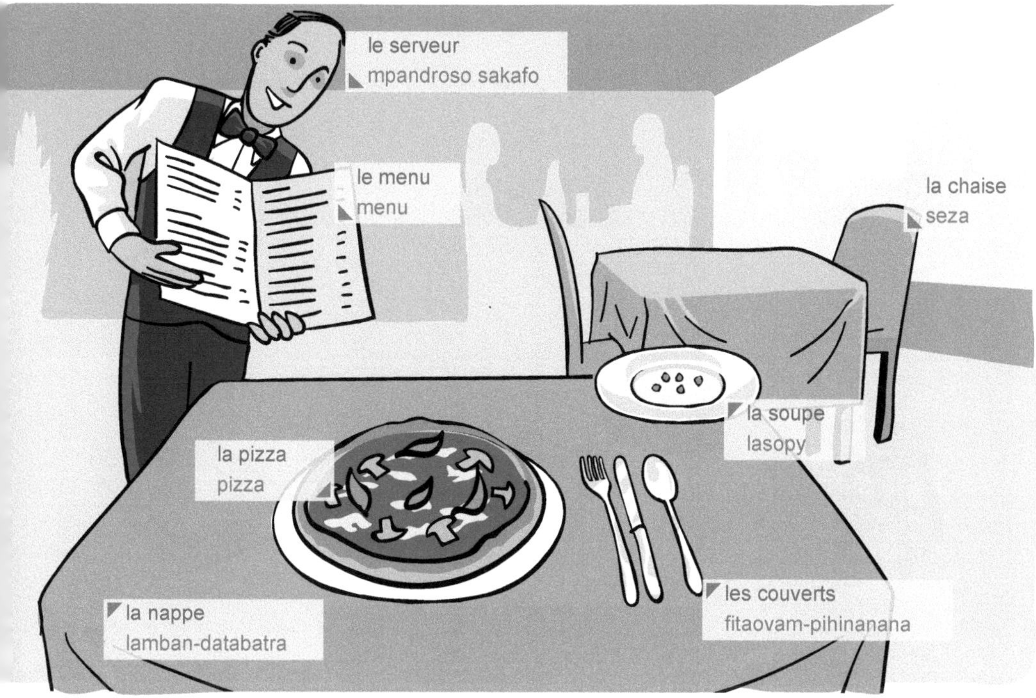
le serveur
mpandroso sakafo
le menu
menu
la chaise
seza
la soupe
lasopy
la pizza
pizza
les couverts
fitaovam-pihinanana
la nappe
lamban-databatra

les hors d'œuvre

entrée

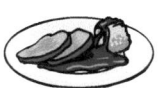

le plat principal

sakafo fototra

le dessert

desera

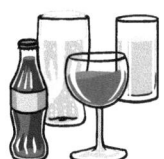

les boissons

zava-pisotro

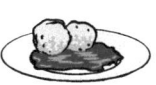

l'alimentation

sakafo

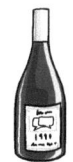

la bouteille

tavoahangy

le fast-food
fast food

les plats à emporter
sakafo an-dalambe

la théière
fitoerana dite

le sucrier
fitoeran-tsiramamy

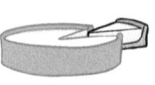

la portion
singany

la machine à expresso
milina espresso

la chaise haute
seza avo

la facture
faktiora

le plateau
lovia fandrosoana sakafo

le couteau
antsy

la fourchette
sotrorovitra

la cuillère
sotro

la cuillère à thé
sotrokely

la serviette
servieta

le verre
vera

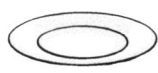

l'assiette
vilia

l'assiette à soupe
vilian-dasopy

la soucoupe
vilia bory

la sauce
saosy

la salière
fitoeran-tsira

le moulin à poivre
milina dipoavatra

le vinaigre
vinaingitra

l'huile
solika

les épices
zava-manitra

le ketchup
ketchup

la moutarde
voan-tsinapy

la mayonnaise
maionezy

le supermarché

supermarché

l'offre promotionnelle
fihenam-bidy
FOR
le client
mpividy
les produits laitiers
sakafo avy amin'ny ronono
les fruits
voankazo
le chariot
chariot

BUTCHERS

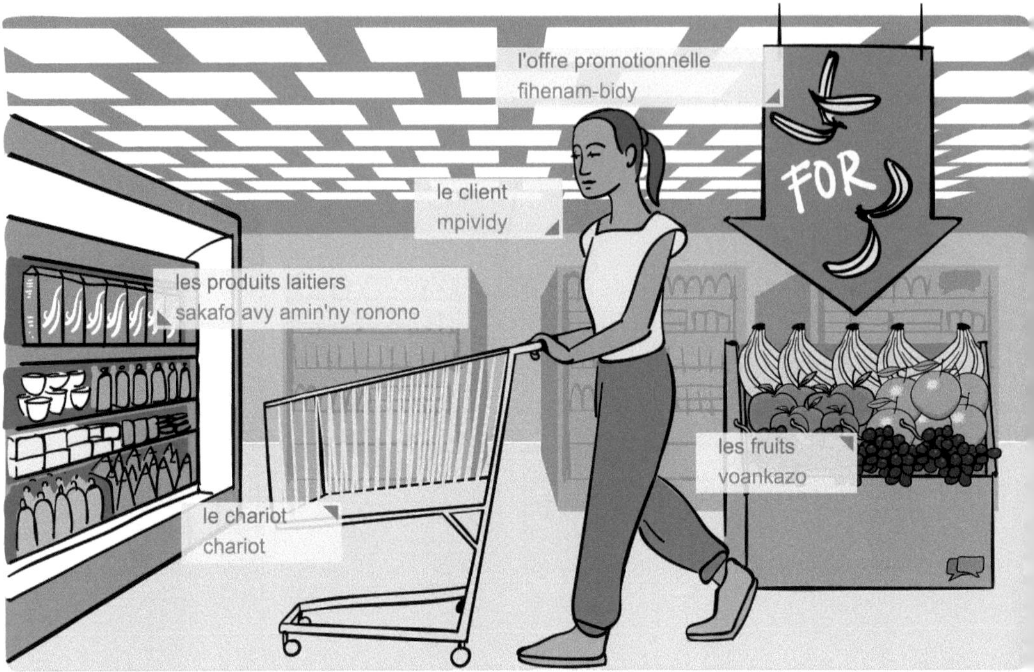

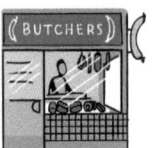

la boucherie

mpivaro-kena

BAKERY

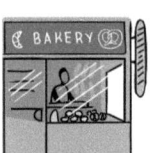

la boulangerie

mpivarotra mofo

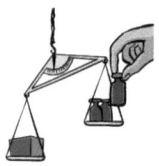

peser

mandanja

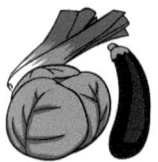

les légumes

legioma

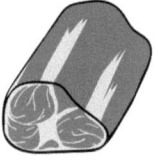

la viande

hena

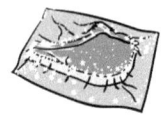

les aliments surgelés

sakafo nampangatsiahana

la charcuterie

hena voahendy

les conserves

sakafo am-by fotsy

la poudre à lessive

vovon-tsavony

les bonbons

vatomamy

les articles ménagers

fitaovana an-tokatrano

les détergents

fitaovana fanadiovana

la vendeuse

mpivarotra

la caisse

toerana fandoavam-bola

le caissier

mpandray vola

la liste d'achats

lisitry ny zavatra vidiana

les heures d'ouverture

ora fiasana

le portefeuille

portefeuille

la carte de crédit

fahana amin'ny karatra

le sac

harona

le sac en plastique

harona plastika

l'eau

rano

le jus de fruit

ranom-boankazo

le lait

ronono

le coca

coca

le vin

divay

la bière

labiera

l'alcool

toaka

le chocolat chaud

sôkôlà mafana

le thé

dite

le café

kafe

l'expresso

espresso

le cappuccino

cappuccino

la banane

akondro

la pomme

paoma

l'orange

laoranjy

le melon

voatango

le citron.

voasarimakirana

la carotte

karaoty

l'ail

tongolo gasy

le bambou

volobe

l'oignon

tongolo

le champignon

holatra

les noisettes

voamaina

les pâtes

paty

les spaghetti
spaghetti

le riz
vary

la salade
salady

les pommes frites
ovy frity

les pommes de terre rôties
ovy voaendy

la pizza
pizza

le hamburger
hamburger

le sandwich
sandwich

l'escalope
didin-kena

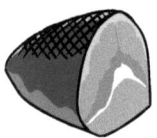

le jambon
lambo sira

le salami
salami

la saucisse
saosisy

le poulet
akoho

le rôti
hena mendy

le poisson
trondro

les flocons d'avoine

varin-tsoavaly

le muesli

muesli

les cornflakes

cornflakes

la farine

lafarinina

le croissant

croissant

les petits-pains

mofodipaina kely

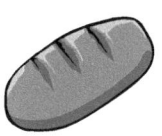

le pain

mofo

le pain grillé

mofo natono

les biscuits

bisky

le beurre

dobera

le fromage blanc

fromazy fotsy

le gâteau

mofomamy

l'œuf

atody

l'œuf au plat

atody nendasina

le fromage

fromazy

la glace

lagilasy

le sucre

siramamy

le miel

tantely

la confiture

kaonfitira

la crème nougat

crème nougat

le curry

curry

la ferme

toeram-pambolena

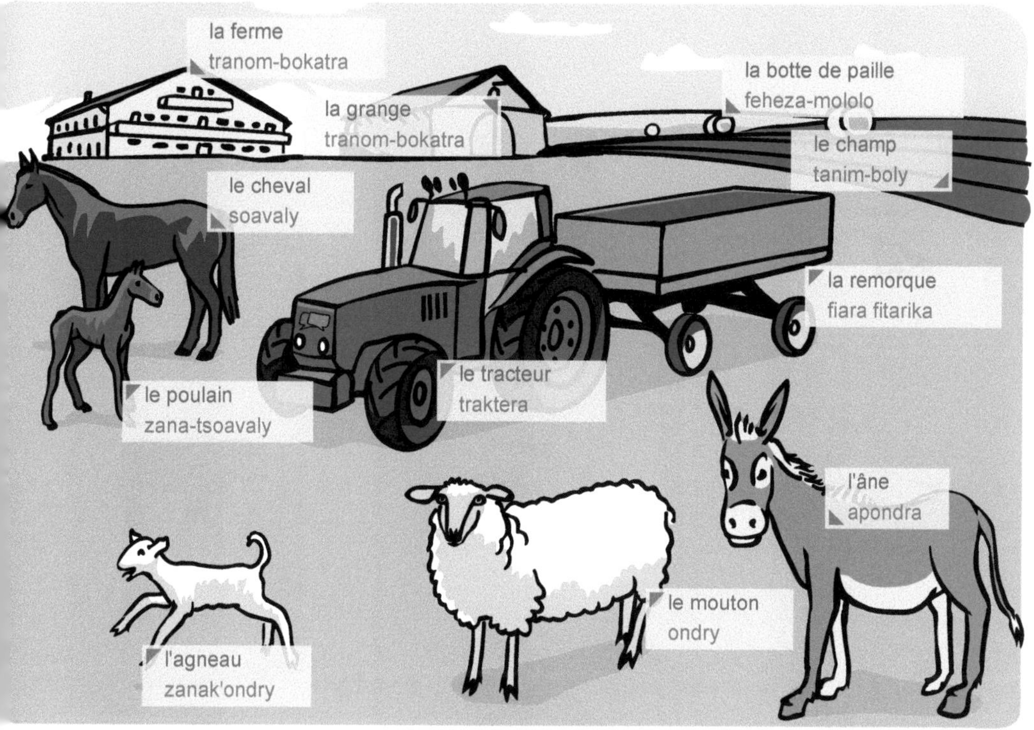
la ferme
tranom-bokatra
la grange
tranom-bokatra
la botte de paille
feheza-mololo
le champ
tanim-boly
le cheval
soavaly
la remorque
fiara fitarika
le poulain
zana-tsoavaly
le tracteur
traktera
l'âne
apondra
le mouton
ondry
l'agneau
zanak'ondry

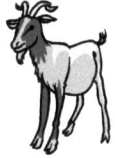

la chèvre

osy

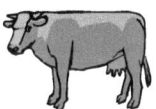

la vache

omby vavy

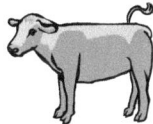

le veau

omby

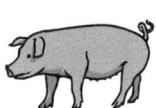

le porc

kisoa

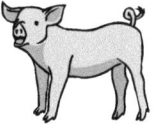

le porcelet

zana-kisoa

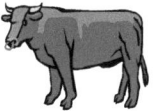

le taureau

omby

l'oie

gisa

le canard

gana

le poussin

zanak'akoho

la poule

akoho vavy

le coq

akoho lahy

le rat

voalavo

le chat

saka

la souris

voalavo tondro

le bœuf

omby

le chien

alika

le chenil

tranon'alika

le tuyau de jardin

fantsona fanondrahana rano

l'arrosoir

fanondrahana

la faucheuse

antsy biloka

la charrue

angadin'omby

la faucille
antsim-bilona

la pioche
antsetra

la fourche
farango vy

la hache
famaky

la brouette
borety

la cuve
dababe

le pot à lait
boatin-dronono

le sac
harona

la clôture
fefy

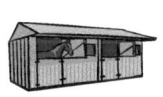

l'étable
tranom-biby

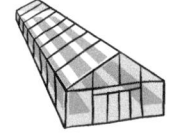

le serre
talatalan-jaridaina

le sol
tany

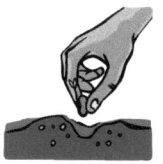

les semences
ambeoka

l'engrais
zezika

la moissonneuse-batteuse
milina mpijinja vokatra

récolter

vokatra

la récolte

vokatra

l'igname

saonjo

le blé

varimbazaha

le soja

saozaha

la pomme de terre

ovy

le maïs

katsaka

le colza

colza

l'arbre fruitier

hazo fihinam-boa

le manioc

mangahazo

les céréales

voamadinika

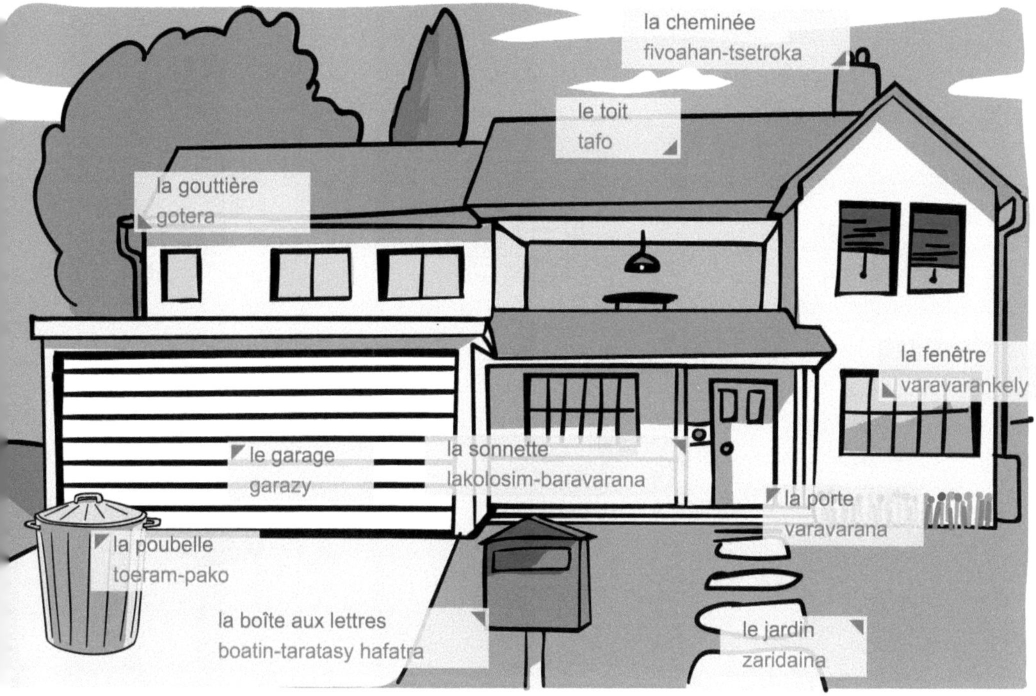

la cheminée
fivoahan-tsetroka

le toit
tafo

la gouttière
gotera

la fenêtre
varavarankely

le garage
garazy

la sonnette
lakolosim-baravarana

la porte
varavarana

la poubelle
toeram-pako

la boîte aux lettres
boatin-taratasy hafatra

le jardin
zaridaina

le salon
efitra fandraisam-bahiny

la salle de bain
efitra fandroana

la cuisine
lakozia

la chambre à coucher
efitra fatoriana

la chambre d'enfant
efitranon'ny ankizy

la salle à manger
efi-trano fisakafoanana

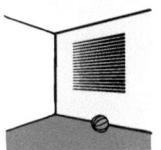

le sol

tany

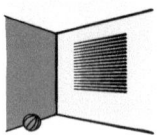

le mur

rindrina

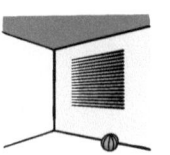

le plafond

valindrihana

la cave

lakavy

le sauna

sauna

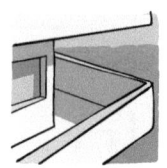

le balcon

tsimahalavo

la terrasse

lavarangana

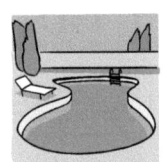

la piscine

dobo filomanosana

la tondeuse à gazon

mpanapaka bozaka

la housse

lambam-pandriana

la couette

koety

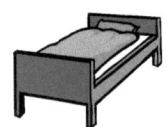

le lit

fandriana

le balai

kifafa

le sceau

sô

l'interrupteur

interrupteur

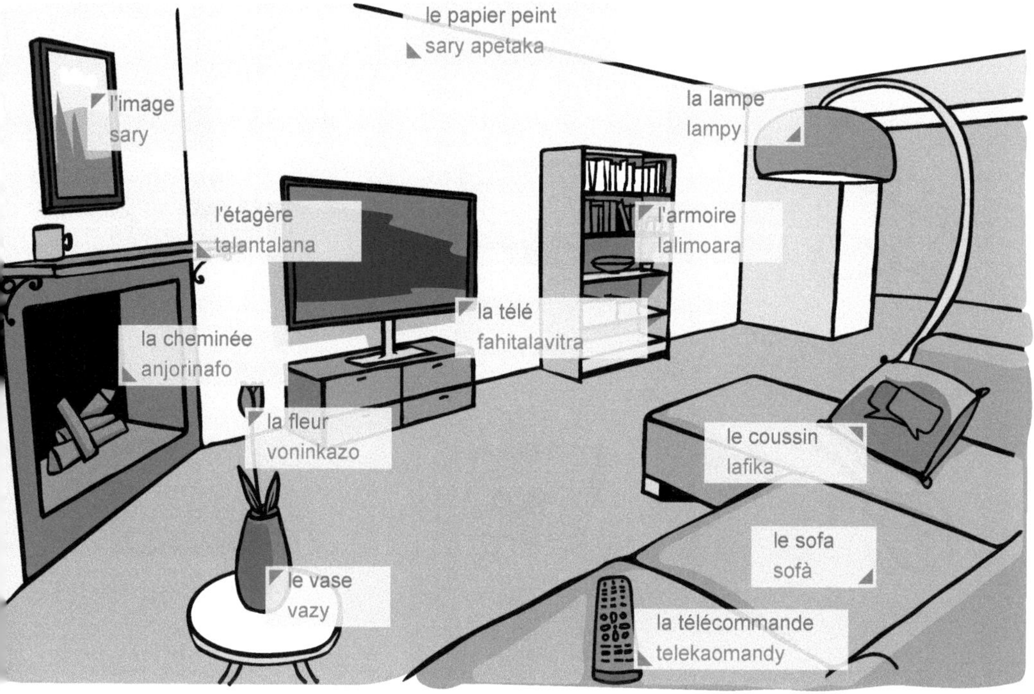

le papier peint
sary apetaka

l'image
sary

la lampe
lampy

l'étagère
talantalana

l'armoire
lalimoara

la cheminée
anjorinafo

la télé
fahitalavitra

la fleur
voninkazo

le coussin
lafika

le sofa
sofà

le vase
vazy

la télécommande
telekaomandy

le tapis

tapis

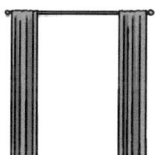

le rideau

takom-baravarana

la table

latabatra

la chaise

seza

la chaise à bascule

seza savily

le fauteuil

seza mihaja

le livre
boky

la couverture
lamba firakotra

la décoration
asa fandravahana

le bois de chauffage
hazo fandrehitra

le film
horonantsary

la chaîne hi-fi
fitaovana hi-fi

la clé
fanalahidy

le journal
gazety

la peinture
loko

le poster
sary famantarana

la radio
radio

le bloc-notes
kahie fanao tadidy

l'aspirateur
aspiratera

le cactus
raketa

la bougie
labozia

la cuisine
lakozia

le réfrigérateur
frizidera
le four à micro-ondes
fatana micro-onde
la balance de cuisine
fandanjana sakafo
le grille-pain
milina fanendy mofo
le détergent
fandiovana
le four
lafaoro
le compartiment congélateur
talatalana fampangatsiahana
la poubelle
toeram-pako
le lave-vaisselle
fanadiovana vilia

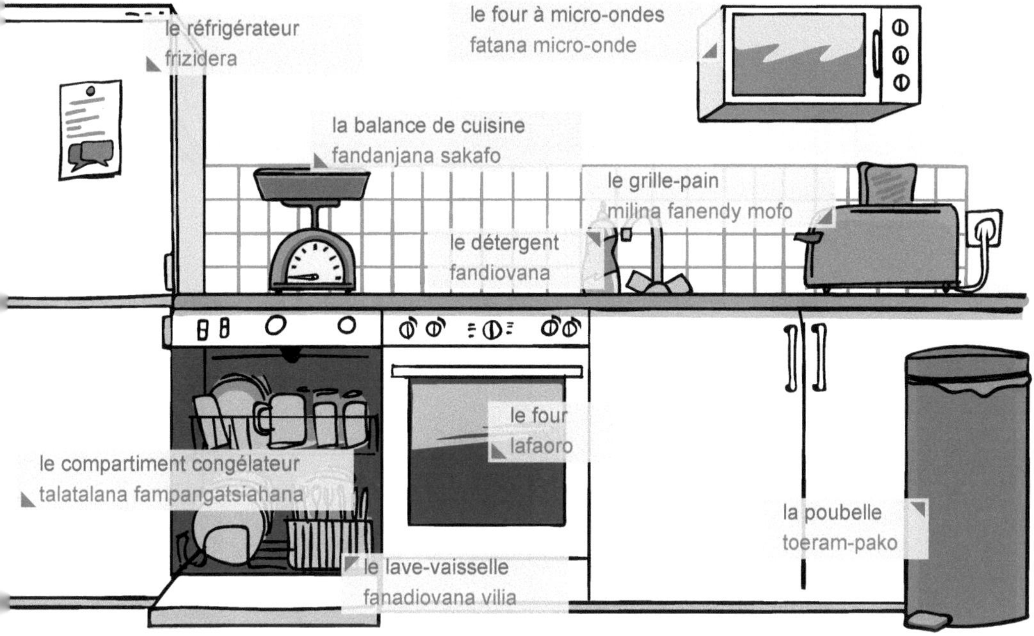

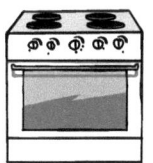

le four
....
lafaoro

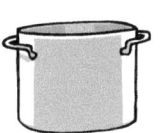

la casserole
....
vilany

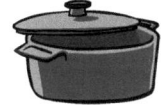

la marmite
....
vilany vy

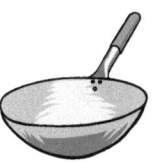

le wok / kadai
....
wok / kadai

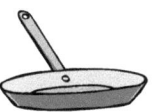

la poêle
....
lapoaly

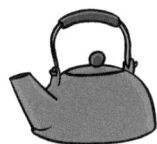

la bouilloire electrique
....
fitaovana fampangotrahana rano

le cuiseur vapeur

vilany mandeha entona

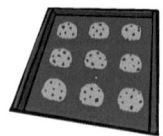

la plaque de cuisson

lovia fisaka

la vaisselle

fitaovan-dakozia

le gobelet

zinga

la coupe

vilia baolina

les baguettes

hazokely fihinanana

la louche

sotrobe lavatango

la spatule

spatule

le fouet

fanakapohana atody

la passoire

fanatantavanana

le tamis

lovia sivana

la râpe

fanakikisana

le mortier

laona

le barbecue

kiendiendy

la cheminée

fivoahan'ny setroka

la planche à découper

akalana fitetehana

le rouleau à pâtisserie

kodia fandamàna koba

le tire-bouchon

fisontonana bosoa

la boîte

boaty

l'ouvre-boîte

fanokafana boaty

les maniques

fitazomana vilany

le lavabo

lavabô

la brosse

borosy

l'éponge

spaonjy

le mixeur

miksera

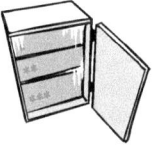

le congélateur

fitaovana fampangatsiahana

le biberon

tavoahanginono

le robinet

paompy

la salle de bain
efitra fandroana

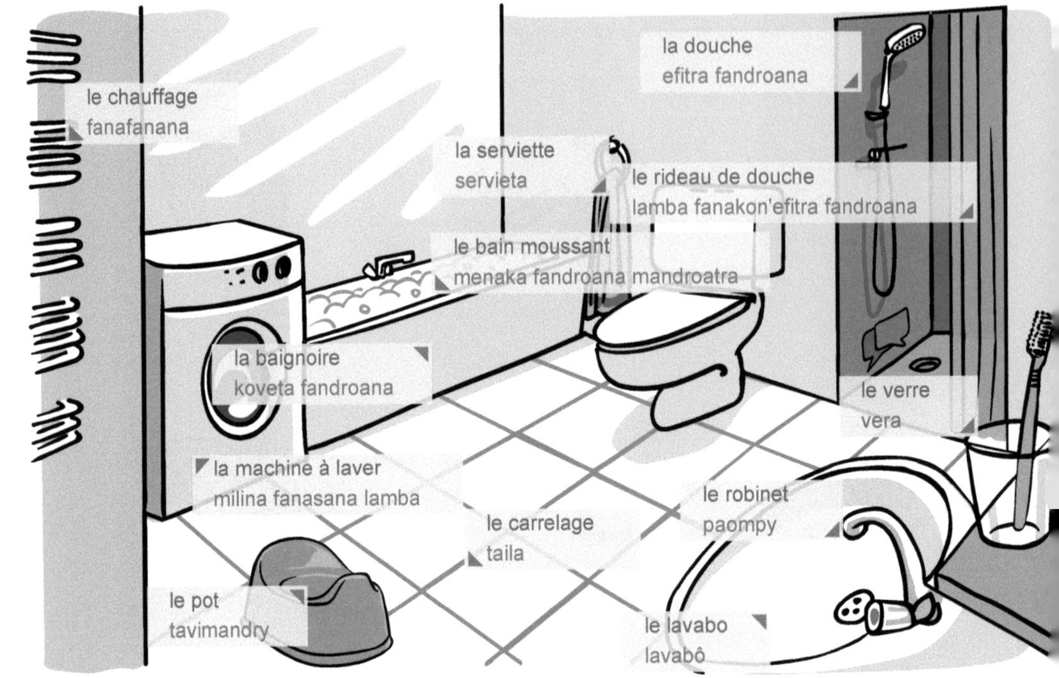

la douche
efitra fandroana
le chauffage
fanafanana
la serviette
servieta
le rideau de douche
lamba fanakon'efitra fandroana
le bain moussant
menaka fandroana mandroatra
la baignoire
koveta fandroana
le verre
vera
la machine à laver
milina fanasana lamba
le robinet
paompy
le carrelage
taila
le pot
tavimandry
le lavabo
lavabô

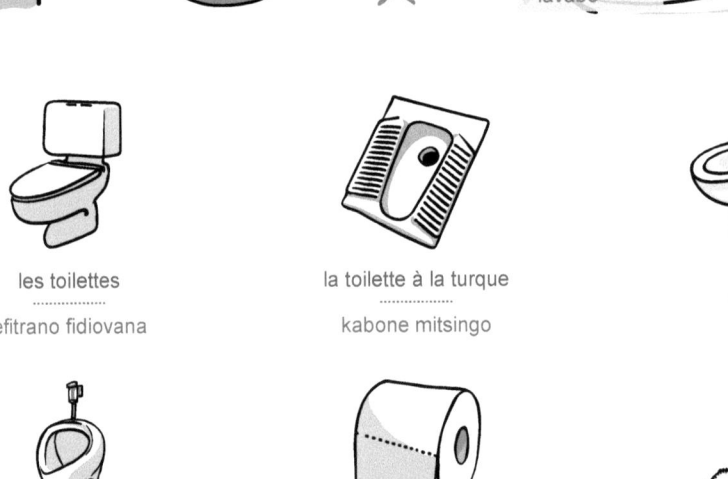

les toilettes

efitrano fidiovana

la toilette à la turque

kabone mitsingo

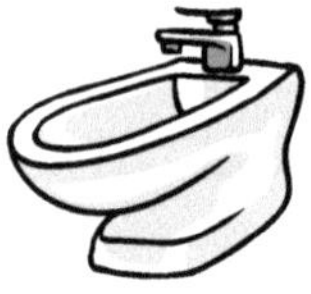

le bidet

bidet

l'urinoir

fipipizana

le papier toilette

taratasy fidiovana

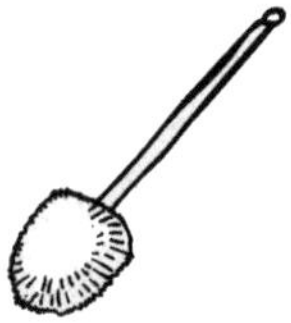

la brosse à toilette

borosy fampiasa an-kabone

la brosse à dents

borosinify

le dentifrice

famotsia-nify

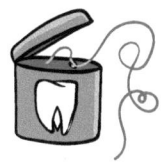

le fil dentaire

kofehy fanadiova-nify

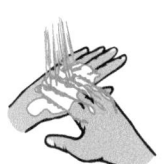

laver

manasa

la douche manuelle

fisaika enti-tànana

la douche intime

fanadiovana fivaviana

la vasque

kovetabe

la brosse dorsale

borosin-damosina

le savon

savony

le gel douche

gel fampiasa rehefa misaika

le shampooing

shampoo

le gant de toilette

fonon-tànana enti-misaika

l'écoulement

tsiranoka

la crème

crème fanosotra

le déodorant

fanalana fofona

le miroir

fitaratra

le miroir cosmétique

fitaratra fihaingo

le rasoir

hareza

la mousse à raser

raotra fiharatra

l'après-rasage

menaka haratra

la peigne

fiogo

la brosse

borosy

le sèche-cheveux

fitaovana fanamainam-bolo

la laque pour cheveux

atsifotra amin'ny volo

le fond de teint

fikarakarana tarehy

le rouge à lèvres

lokomena

le vernis à ongles

haingo hoho

l'ouate

vohavohan-dandihazo

le coupe-ongles

fanapahana hoho

le parfum

ranomanitra

la trousse de toilette

fitoerana fitaovana an-kabone

le tabouret

sezabory

le pèse-personne

fandanjana olona

le peignoir

akanjo enti-matory

les gants de nettoyage

fonon-tànana enti-manadio

le tampon

servieta fanary

les serviettes hygiéniques

lamba fampiasa amin'ny fadimbolana

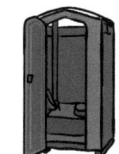

la toilette chimique

kabone simika

la chambre d'enfant

efitranon'ny ankizy

le réveil
famohamandry
le doudou
saribakoly
la voiture jouet
fiara kilalao
le hochet
korintsana
la maison de poupée
tranon-tsaribakoly
le cadeau
fanomezana

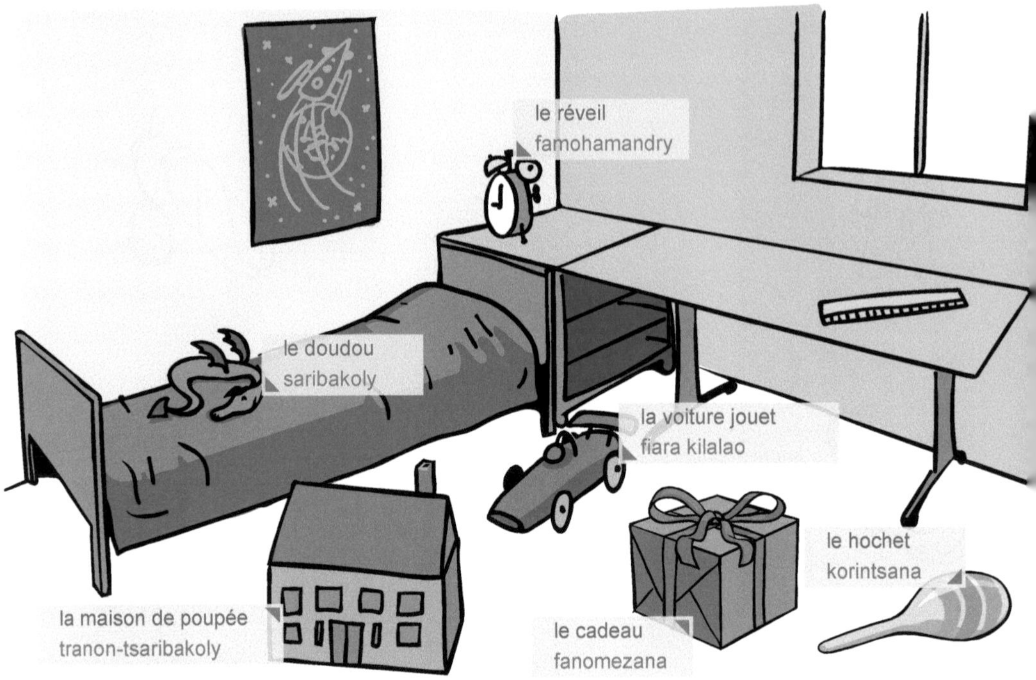

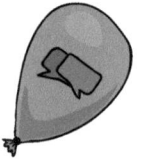

le ballon

balaonina

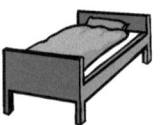

le lit

fandriana

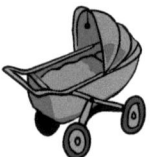

la poussette

posety

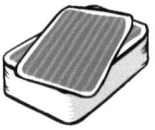

le jeu de cartes

lalao karatra

le puzzle

puzzle

SUPER
MEGA

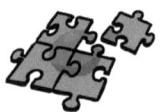

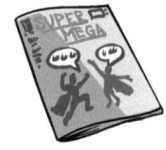

la bande dessinée

sariitatra

les pièces lego

lalao legô

les blocs de construction

kilalao fananganana trano

la figurine

sarivongana kely

la grenouillère

grenera

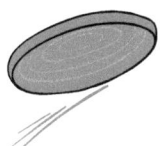

le frisbee

Frisbee

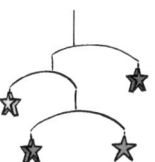

le mobile

mobile

le jeu de société

jeu de société

le dé

kodiakely

le train miniature

lamasinina kely

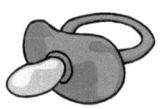

la sucette

solonono

la fête

fety

le livre d'images

boky feno sary

la balle

baolina

la poupée

saribakoly

jouer

milalao

le bac à sable
kovetam-pasika

la balançoire
savily

les jouets
kilalao

la console de jeu
kilalao video

le tricycle
tricycle

l'ours en peluche
teddy orsa

l'armoire
fitoeran'akanjo

les vêtements

akanjo

les chaussettes
bà kiraro

les bas
bàn-tongotra

le collant
akanjo manara-batana

l'écharpe
foloara

la ceinture
fehin-kibo

le parapluie
elo

le t-shirt
t-shirt

les baskets
kiraro tenisy

les bottes
baoty

les pantoufles
kapa fitondra an-trano

les sandales
....
kapa

les chaussures
....
kiraro

les bottes de caoutchouc
....
baoty fingotra

les sous-vêtements
....
atinakanjo

le soutien-gorge
....
tatinono

le maillot de corps
....
akanjo feno

les vêtements - akanjo

45

le body

vatana

le pantalon

pataloha

le jean

jean

la jupe

zipo

le chemisier

akanjo ambony

la chemise

lobaka

le pull

pull

le sweat à capuche

akanjo sarotro

la veste

palitao

la veste

palitao

le manteau

palitao

l'imperméable

akanjo aro-orana

le costume

akanjo fianjaika

la robe

fitafim-behivavy

la robe de mariée

akanjon'ny ampakarina

le costume

akanjo fianjaika

la chemise de nuit

akanjo-mandry

le pyjama

pijamà

le sari

sari

le foulard

sarondoha

le turban

turban

la burqa

burqa

le caftan

kaftan

l'abaya

abaya

le maillot de bain

akanjo fitondra milomano

le maillot de bain

akanjo fitondra milomano

le short

pataloha fohy

la tenue d'entraînement

akanjo fitena

le tablier

tablie

les gants

fonon-tànana

le bouton

bokotra

les lunettes

solomaso

le bracelet

brasele

le collier

rojo

la bague

peratra

la boucle d'oreille

kavina

le bonnet

satroka

le cintre

fanantonana palitao

le chapeau

satroka

la cravate

fehivozo

la fermeture éclair

hidikorisa

le casque

aroloha

les bretelles

beritelo

l'uniforme scolaire

fanamian'ny mpianatra

l'uniforme

fanamiana

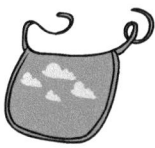

le bavoir

bavoara

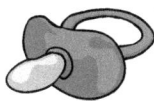

la sucette

solonono

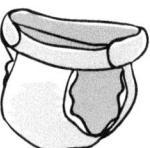

la lange

taty

le bureau
birao

le serveur
serveur
l'armoire d'archivage
lalimoara fitahirizana
l'imprimante
mpanao pirinty
le papier
taratasy
l'écran
efijoro
le bureau
latabatra
la souris
voalavo tondro
le classeur
klasera
le clavier
klavie
la corbeille à papier
fanariana fako taratasy
la chaise
seza
l'ordinateur
solosaina

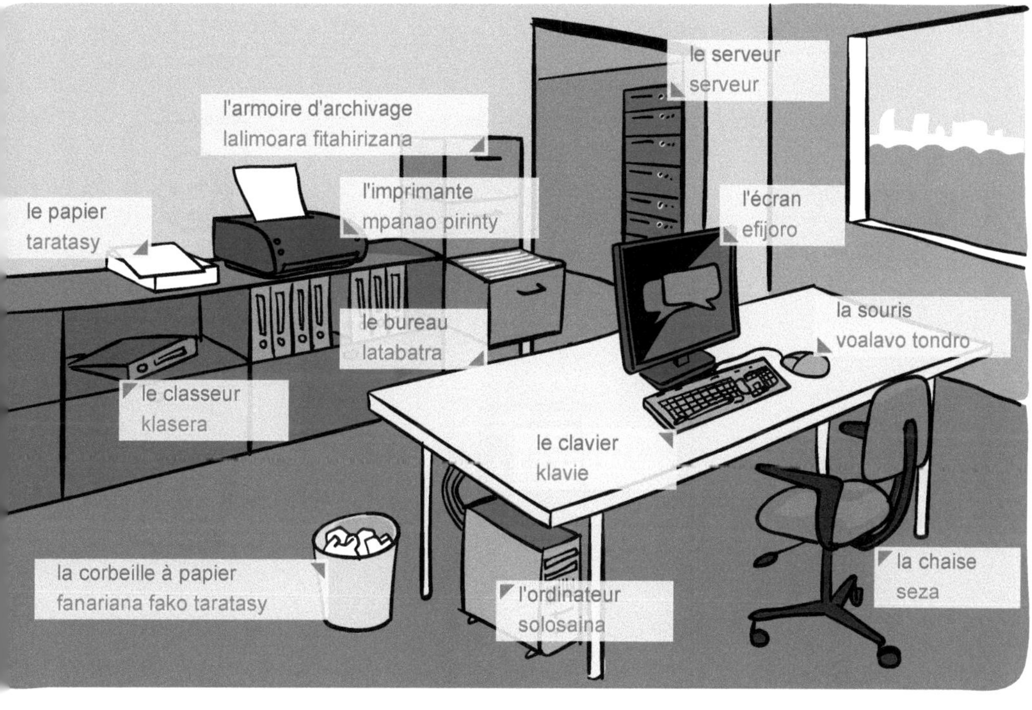

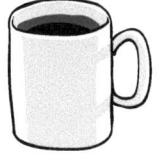

la tasse de café

kaopin-kafe

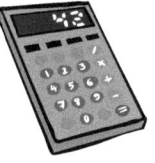

la calculatrice

mpikajy

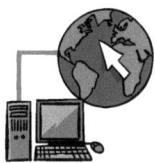

l'internet

aterineto

l'ordinateur portable
solosaina maivana

la lettre
taratasy

le message
hafatra

le portable
mobile

le réseau
tambajotra

la photocopieuse
imprimante

le logiciel
rindrambaiko

le téléphone
finday

la prise
prizy

le fax
fax

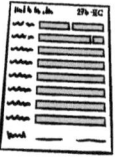

le formulaire
efitra fenoina

le document
fehezan-taratasy

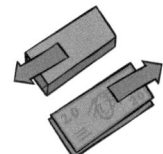

acheter

mividy

payer

mandoa vola

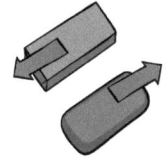

faire du commerce

misera

la monnaie

vola

le dollar

dôlara

l'euro

euro

le yen

yen

le rouble

rouble

le franc suisse

Franc suisse

le renminbi yuan

renminbi yuan

la roupie

roupie

le distributeur automatique

fangalàna vola

le bureau de change

toerana fanakalozana vola

l'or

volamena

l'argent

volafotsy

le pétrole

solika

l'énergie

angovo

le prix

vidiny

le contrat

fifanekena

la taxe

hetra

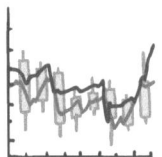

l'action

action borsa

travailler

miasa

l'employé

mpiasa

l'employeur

mpampiasa

l'usine

orinasa

le magasin

fivarotana

les professions
asa

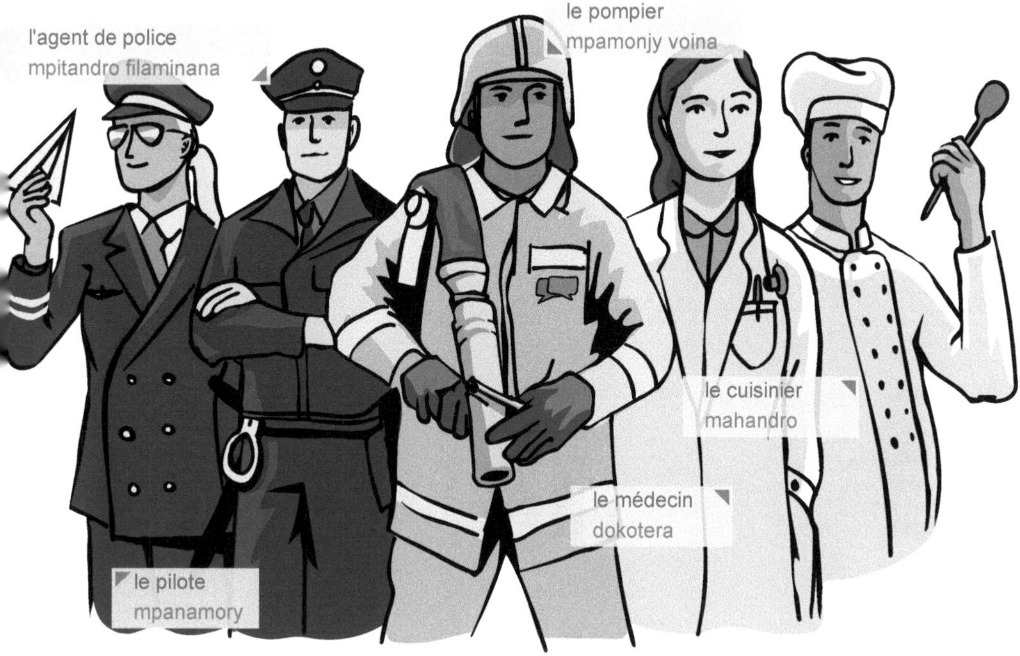

l'agent de police
mpitandro filaminana
le pompier
mpamonjy voina
le cuisinier
mahandro
le médecin
dokotera
le pilote
mpanamory

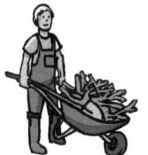

le jardinier

mpikarakara zaridaina

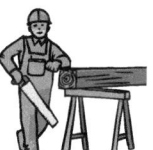

le menuisier

mpandrafitra

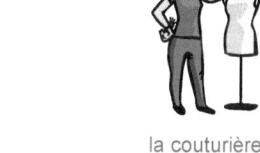

la couturière

vehivavy mpanjaitra

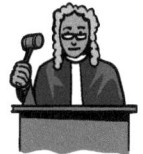

le juge

mpitsara

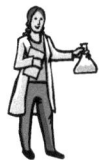

le chimiste

mpahay simia

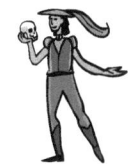

l'acteur

mpilalao sarimihetsika

le conducteur de bus

mpamily fiara fitateram-bahoaka

le chauffeur de taxi

mpamily fiarakaretsaka

le pêcheur

mpanjono

la femme de ménage

vehivavy mpanadio

le couvreur

mpanao tafo

le serveur

mpandroso sakafo

le chasseur

mpihaza

le peintre

mpandoko

le boulanger

mpanao mofo

l'électricien

elektrisianina

l'ouvrier

mpanao trano

l'ingénieur

injeniera

le boucher

mivaro-kena

le plombier

plombier

le facteur

faktera

le soldat

miaramila

l'architecte

mpanao mari-trano

le caissier

mpandray vola

le fleuriste

mpivarotra voninkazo

le coiffeur

mpanao volo

le contrôleur

mpizara tapakila

le mécanicien

mpahay mekanika

le capitaine

kapiteny

le dentiste

mpitsabo nify

le scientifique

siantifika

le rabbin

raby

l'imam

imam

le moine

moanina

le prêtre

pretra

les outils
fitaovana

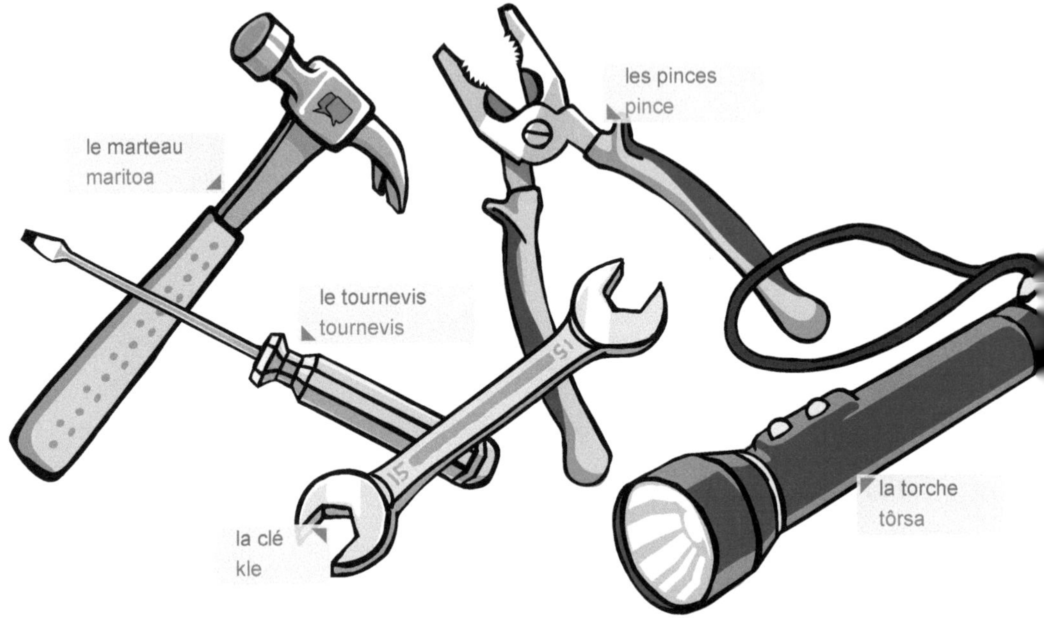
le marteau
maritoa
les pinces
pince
le tournevis
tournevis
la clé
kle
la torche
tôrsa

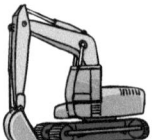

la pelleteuse
pelleteuse

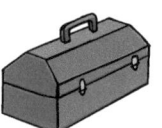

la boîte à outils
boaty fanisy fitaovana

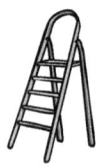

l'échelle
tohatra

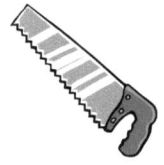

la scie
tsofa

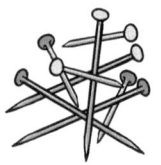

les clous
fantsika

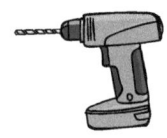

la perceuse
perceuse

réparer

manarina

la pelle

lapela

Mince !

Kyy!

la pelle

angadim-pako

le pot de peinture

boatin-doko

les vis

visy

les instruments de musique

zava-maneno

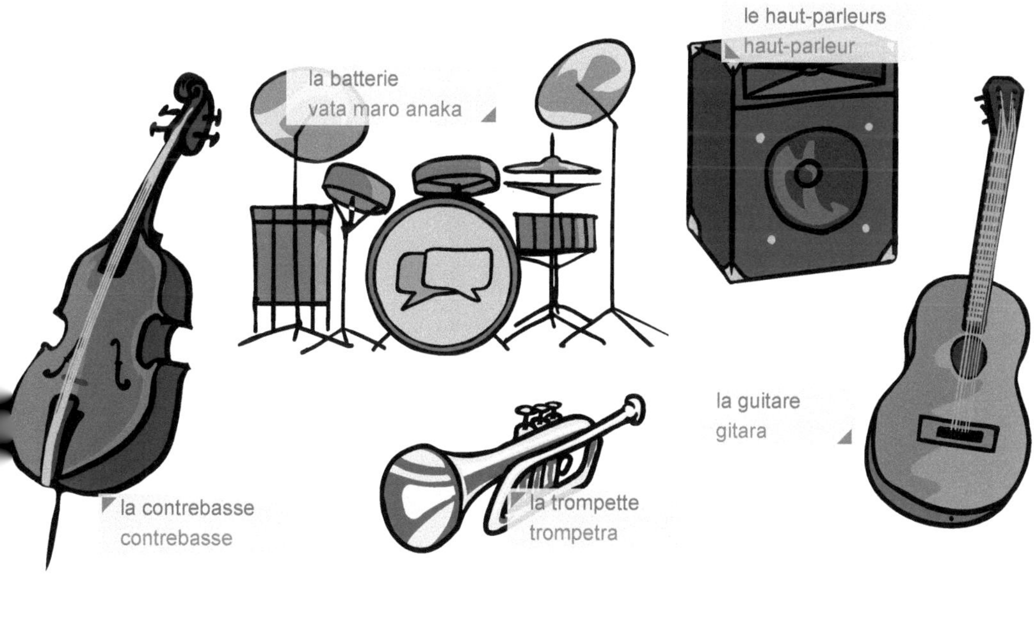

la batterie
vata maro anaka

le haut-parleurs
haut-parleur

la guitare
gitara

la contrebasse
contrebasse

la trompette
trompetra

le piano

vata maro afitsoka

le violon

lokanga

la basse

basse

les timbales

amponga timpani

le tambour

aponga

le piano électrique

klavie

le saxophone

saksa

la flûte

sodina

le microphone

mikrao

le zoo
valan-javaboary

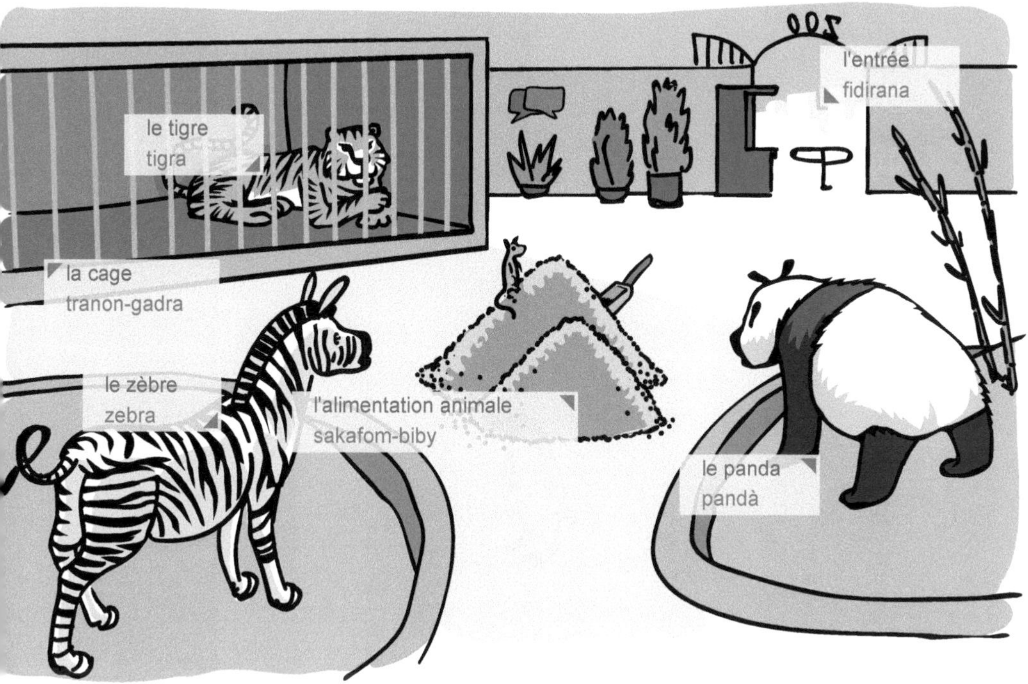
le tigre
tigra
l'entrée
fidirana
la cage
tranon-gadra
le zèbre
zebra
l'alimentation animale
sakafom-biby
le panda
pandà

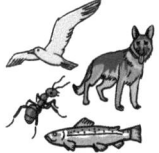

les animaux
biby

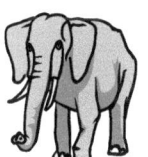

l'éléphant
elefanta

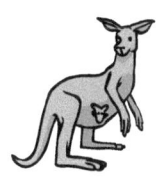

le kangourou
kangoroa

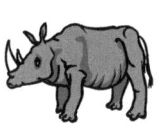

le rhinocéros
rinôserôsy

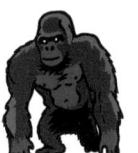

le gorille
gôrila

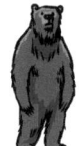

l'ours
orsa

le chameau

rameva

l'autruche

aotrisy

le lion

liona

le singe

rajako

le flamand rose

sama

le perroquet

boloky

l'ours polaire

orsa polera

le pingouin

pengoa

le requin

atsantsa

le paon

vorombola

le serpent

bibilava

le crocodile

voay

le gardien de zoo

mpiandry valan-javaboary

le phoque

fôko

le jaguar

jagoara

le poney

poney

le léopard

leopara

l'hippopotame

hipôpôtamo

la girafe

zirafa

l'aigle

voromahery

le sanglier

lambo

le poisson

trondro

la tortue

sokatra

le morse

môrsa

le renard

renard

la gazelle

gazely

l'american Football
Football amerikana

le cyclisme
hazakazaka am-bisikileta

le tennis
tennis

le basket-ball
bas\\nbaskety

la natation
lomano

la boxe
boxe

le hockey sur glace
hockey an-dranomandry

le football
baolina kitra

le badminton
badminton

l'athlétisme
atletisma

le handball
handball

le ski
ski

le polo
polo

les activités
raharaha

rire
mihomehy
sauter
mitsambikina
embrasser
mamihina
marcher
mandeha
chanter
mihira
rêver
manonofy
prier
mivavaka
faire la bise
manoroka

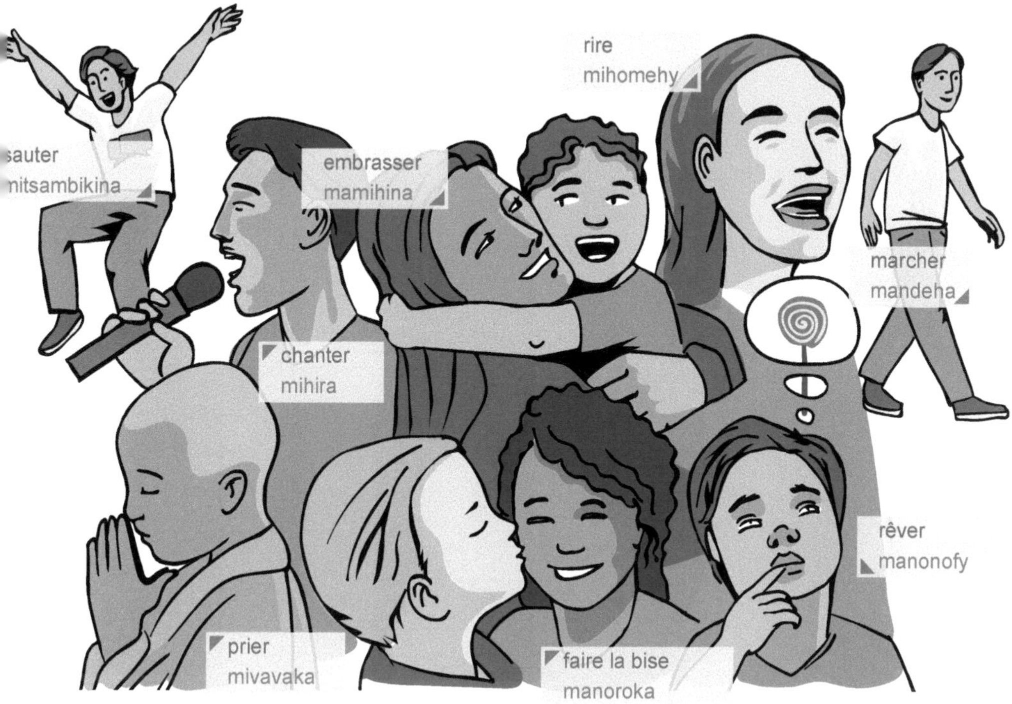

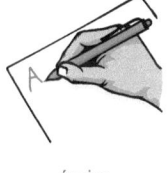

écrire

manoratra

dessiner

manao sary

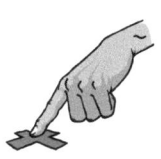

montrer

maneho

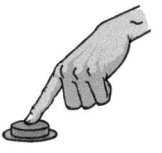

pousser

manosika

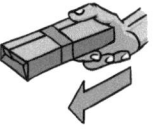

donner

manome

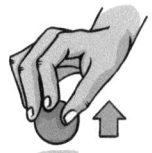

prendre

mandray

avoir

manana

faire

manao

être

mizovy

être debout

mijoro

courir

mihazakazaka

trier

misintona

jeter

manary

tomber

lavo

être couché

mandry

attendre

miandry

porter

mitondra

être assis

mipetraka

s'habiller

miakanjo

dormir

matory

se réveiller

mifoha

regarder

mijery

pleurer

mitomany

caresser

fahatapahan'ny lalan-dra

peigner

fiogo

parler

miresaka

comprendre

mahay

demander

milaza

écouter

mihaino

boire

misotro

manger

mihinana

ranger

mandamina

aimer

mitia

cuire

mahandro

conduire

mamily

voler

lalitra

faire de la voile

miandriaka

calculer

mikajy

lire

mamaky

apprendre

mianatra

travailler

miasa

se marier

mivady

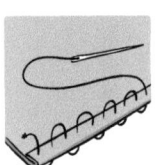

coudre

manjaitra

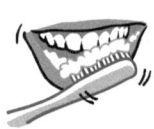

brosser les dents

miborosy nify

tuer

mamono

fumer

mifoka

envoyer

mandefa

la famille
fianakaviana

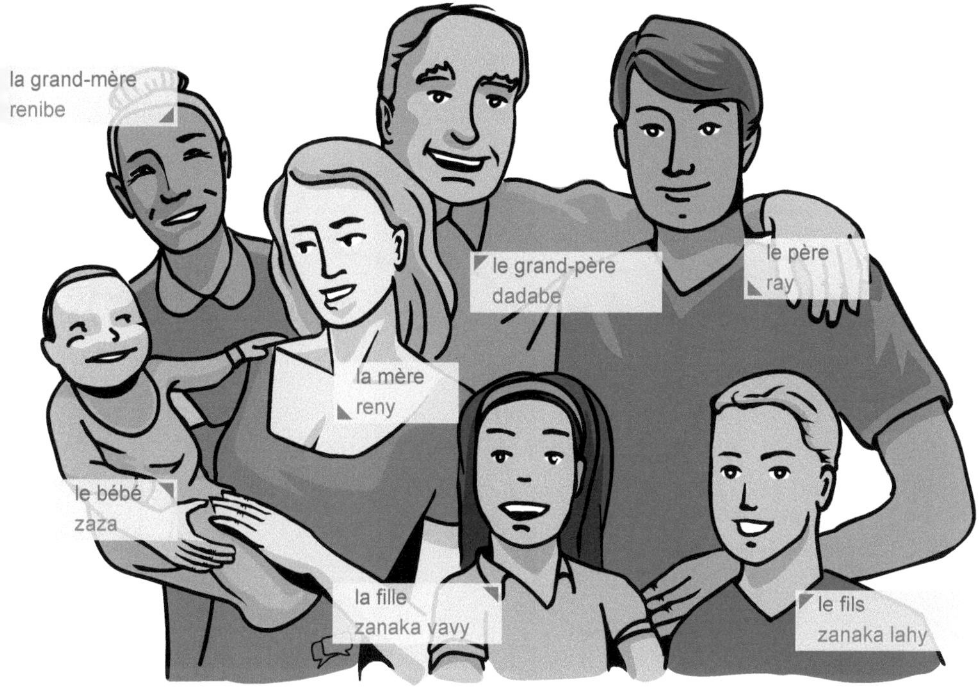
la grand-mère
renibe
le grand-père
dadabe
le père
ray
la mère
reny
le bébé
zaza
la fille
zanaka vavy
le fils
zanaka lahy

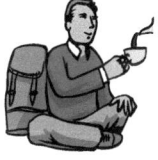

l'hôte
vahiny

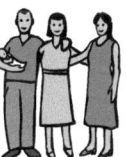

la tante
nenitoa

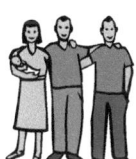

l'oncle
dadatoa

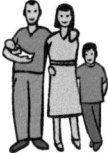

le frère
rahalahy

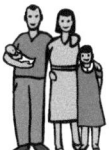

la sœur
rahavavy

le corps
vatana

le front
handrina
l'œil
maso
l'épaule
soroka
le doigt
rantsan-tànana
le visage
tarehy
le menton
saoka
la main
tànana
la jambe
ranjo
la poitrine
nono
le bras
sandry

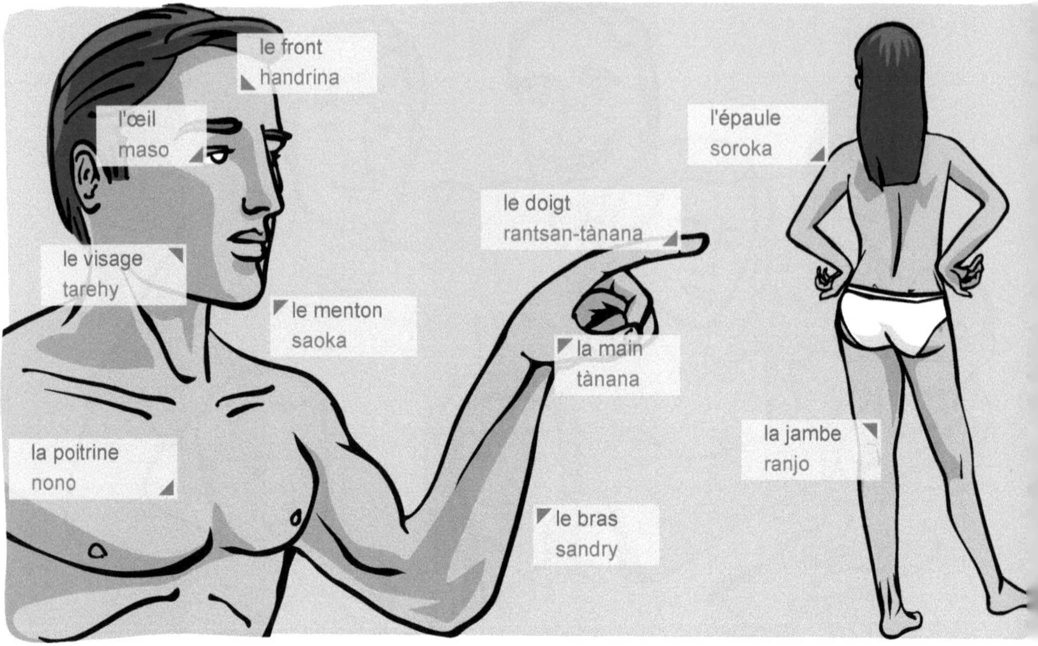

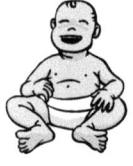

le bébé
zaza

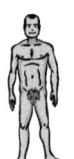

l'homme
lehilahy

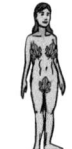

la femme
vehivavy

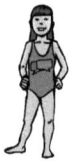

la fille
vavy

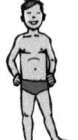

le garçon
lahy

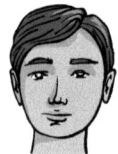

la tête
loha

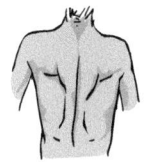

le dos

lamosina

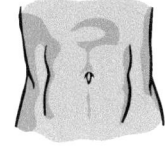

le ventre

kibo

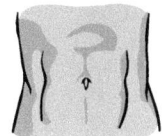

le nombril

foitra

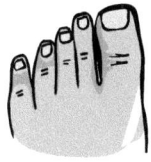

l'orteil

rantsan-tongotra

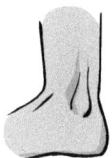

le talon

voditongotra

l'os

taolana

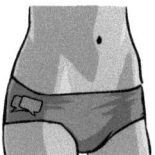

la hanche

valahana

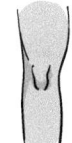

le genou

lohalika

le coude

kiho

le nez

orona

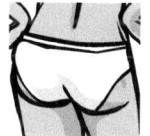

les fesses

vody

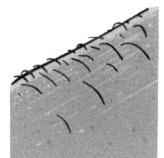

la peau

hoditra

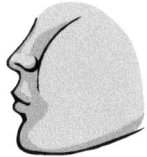

la joue

takolaka

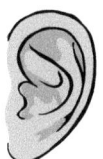

l'oreille

sofina

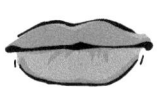

la lèvre

molotra

le corps - vatana

la bouche
vava

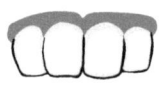

la dent
nify

la langue
lela

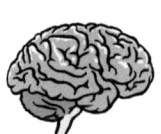

le cerveau
saina

le cœur
fo

le muscle
ozatra

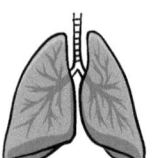

les poumons
havokavoka

le foie
aty

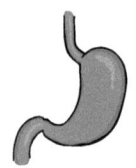

l'estomac
vavony

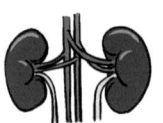

les reins
voa

le rapport sexuel
firaisana ara-nofo

le préservatif
fimailo

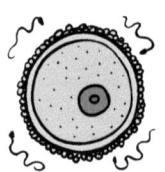

l'ovule
tsirivavy

le sperme
ranonaina

la grossesse
vohoka

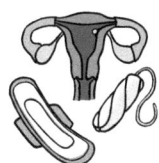

la menstruation
fadimbolana

le vagin
fivaviana

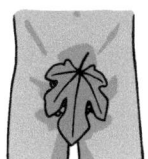

le pénis
filahiana

le sourcil
volomaso

les cheveux
volo

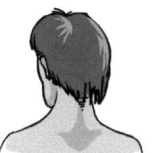

le cou
tenda

l'hôpital
hopitaly

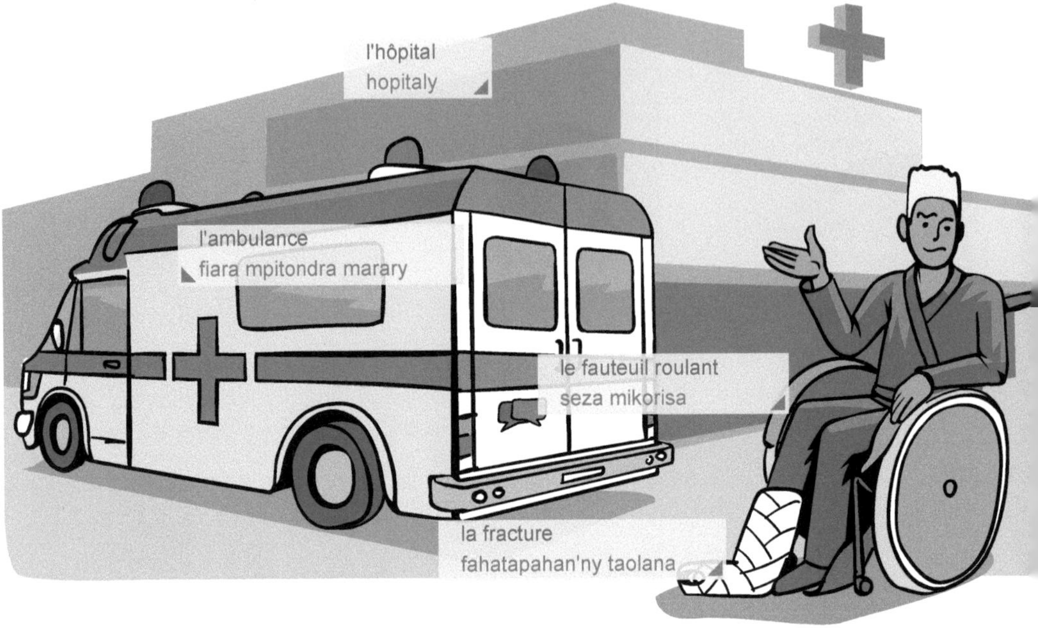

l'hôpital
hopitaly
l'ambulance
fiara mpitondra marary
le fauteuil roulant
seza mikorisa
la fracture
fahatapahan'ny taolana

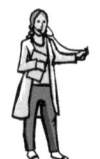

le médecin

dokotera

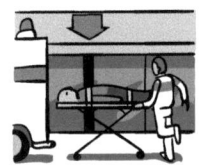

le service des urgences

efitra vonjy taitra

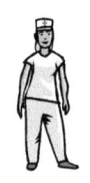

l'infirmière

mpitsabo mpanampy

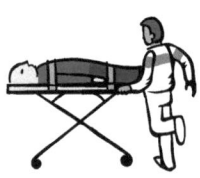

l'urgence

vonjy taitra

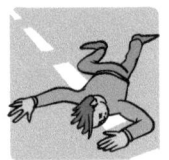

inconscient

tsy mahatsiaro tena

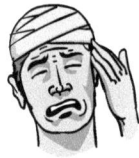

la douleur

fanaintainana

la blessure

faharatràna

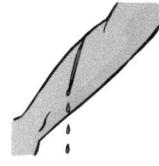

l'hémorragie

mandeha rà

la crise cardiaque

aretim-po

l'attaque cérébrale

fahatapahan'ny lalan-dra

l'allergie

tsy fahazakana sakafo

la toux

kohaka

la fièvre

tazo

la grippe

gripa

la diarrhée

fivalanana

le mal de tête

aretin'an-doha

le cancer

homamiadana

le diabète

diabeta

le chirurgien

dokotera mpandidy

le scalpel

antsy fandidiana

l'opération

fandidiana

le CT
TC

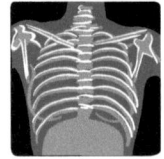

la radiographie
taratra X

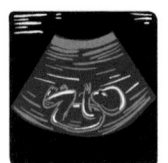

l'échographie
ekôgrafia

le masque
saron-tava

la maladie
aretina

la salle d'attente
efitrano fiandrasana

la béquille
tehina

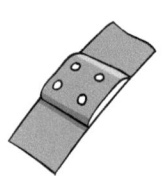

le pansement
taha fery

le pansement
bandy

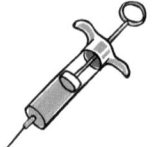

l'injection
tsindrona

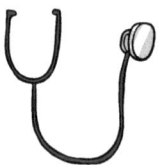

le stéthoscope
stetoskopy

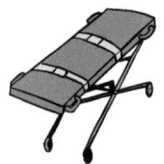

le brancard
filanjana marary

le thermomètre
fitaovana fitsapana
hafanana

l'accouchement
fahaterahana

la surcharge pondérale
hatavezana tafahoatra

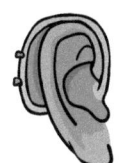

l'appareil auditif

fitaovana fandrenesana

le désinfectant

famonoana mikraoba

l'infection

fifindràna aretina

le virus

viriosy

le VIH / le sida

VIH / SIDA

le médicament

fitsaboana

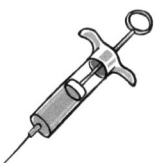

la vaccination

vaksiny

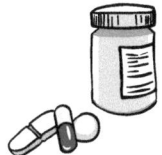

les comprimés

pilina

la pilule

pilina

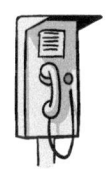

l'appel d'urgence

antso vonjy taitra

le tensiomètre

fitaovana fitsapana tosi-drà

malade / sain

marary / salama

Au secours !

Vonjeo!

l'alarme

antso fanairana

l'assaut

herisetra

l'attaque

vono

le danger

loza

la sortie de secours

fivoahana raha misy loza

Au feu!

Afo!

l'extincteur

fitaovam-pamonoana afo

l'accident

loza

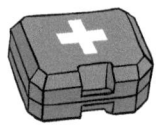

la trousse de premier
secours

fitaovam-pitsaboana
vonjimaika

SOS

SOS

la police

pôlisy

l'Europe

Eoropa

l'Amérique du Nord

Amerika avaratra

l'Amérique du Sud

Amerika atsimo

l'Afrique

Afrika

l'Asie

Azia

l'Australie

Aostralia

l'Océan atlantique

Atlantika

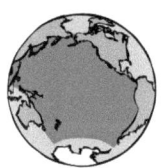

l'Océan pacifique

Pasifika

l'Océan indien

Ranomasimbe Indiana

l'Océan antarctique

Oseana Antarktika

l'Océan arctique

Oseana Arktika

le Pôle nord

Tendrotany avaratra

le Pôle sud

Tendrotany atsimo

l'Antarctique

Antarktika

la terre

tany

le pays

tany

la mer

ranomasina

l'île

nosy

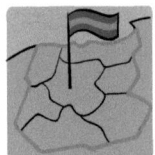

la nation

tanindrazana

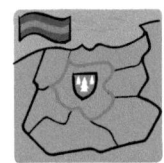

l'état

firenena

le cadran

tavam-pamantaranandro

l'aiguille des heures

tondro ora

l'aiguille des minutes

tondro minitra

l'aiguille des secondes

tondro segondra

Quelle heure est-il ?

Amin'ny firy izao?

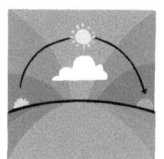

le jour

andro

le temps

fotoana

maintenant

izao

la montre digitale

famantaranandro niomerika

la minute

minitra

l'heure

ora

la semaine

herinandro

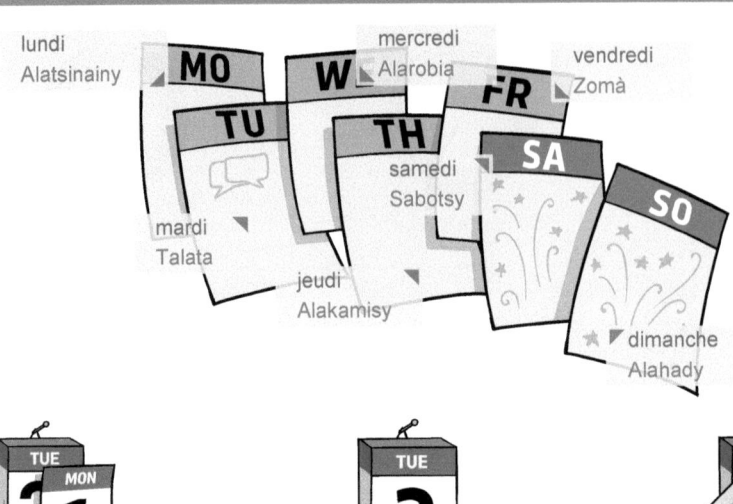

lundi
Alatsinainy

mercredi
Alarobia

vendredi
Zomà

mardi
Talata

jeudi
Alakamisy

samedi
Sabotsy

dimanche
Alahady

hier
....
omaly

aujourd'hui
....
androany

demain
....
ampitso

le matin
....
maraina

le midi
....
atoandro

le soir
....
hariva

les jours ouvrables
....
adro fiasàna

le week-end
....
faran'ny herinandro

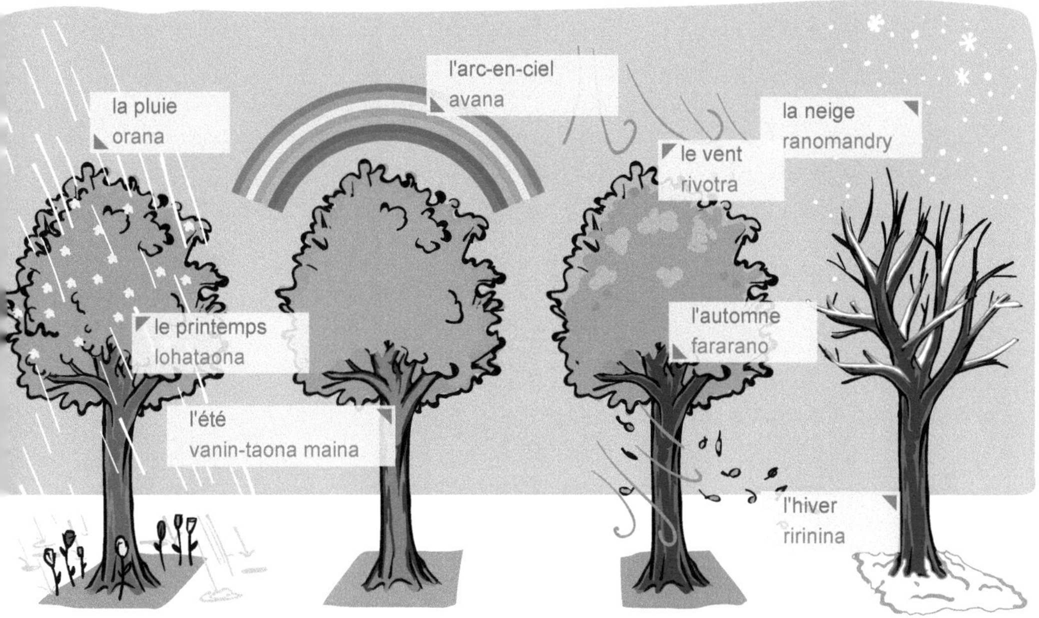

la pluie
orana

l'arc-en-ciel
avana

le vent
rivotra

la neige
ranomandry

le printemps
lohataona

l'automne
fararano

l'été
vanin-taona maina

l'hiver
ririnina

4.APRIL	11°	☀
5.APRIL	4°	☁
6.APRIL	13°	☂
7.APRIL	8°	❄
8.APRIL	10°	☀

la météo

vinavina ara-toetrandro

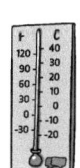

le thermomètre

thermomètre

la lumière du soleil

tara-masoandro

le nuage

rahona

le brouillard

zavona

l'humidité

hamandoana

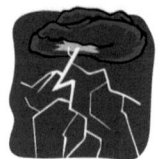

la foudre

tselatra

la tonnerre

kotroka

la tempête

tafio-drivotra

la grêle

havandra

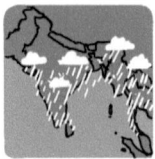

la mousson

fahavaratra

l'inondation

tondra-drano

la glace

vaingan-drano

janvier

Janoary

février

Febroary

mars

Martsa

avril

Avrila

mai

Mey

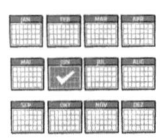

juin

Jiona

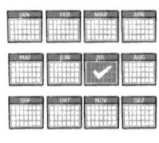

juillet

Jolay

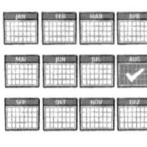

août

Aogositra

septembre
....
Septambra

octobre
....
Oktobra

novembre
....
Novambra

décembre
....
Desambra

les formes
endrika

le cercle
....
boribory

le carré
....
efamira

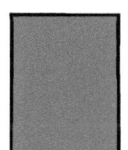

le rectangle
....
efajoro

le triangle
....
telozoro

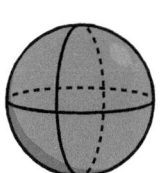

la sphère
....
bola

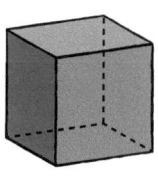

le cube
....
goba

loko

blanc
....
fotsy

jaune
....
mavo

orange
....
laoranjy

rose
....
mavokely

rouge
....
mena

violet
....
voloparasy

bleu
....
manga

vert
....
maitso

marron
....
volotany

gris
....
volondavenona

noir
....
mainty

beaucoup / peu

betsaka / vitsy

fâché / calme

tezitra / tony

joli / laid

tsara / ratsy

le début / la fin

fiandohana / fiafarana

grand / petit

lehibe / kely

clair / obscure

mazava / maloka

frère / soeur

rahalahy / rahavavy

propre / sale

madio / maloto

complet / incomplet

feno / banga

le jour / la nuit

andro / alina

mort / vivant

maty / velona

large / étroit

malalaka / tery

comestible / incomestible

azo hanina / tsy fihinana

méchant / gentil

tsivalahara / tsara fanahy

excité / ennuyé

endratra / sorena

gros / mince

matavy / mahia

le premier / le dernier

voalohany / farany

l'ami / l'ennemi

mpinamana / mpifahavalo

plein / vide

feno / foana

dur / souple

mafy / malefaka

lourd / léger

mavesatra / maivana

faim / soif

noana / mangetaheta

malade / sain

marary / salama

illégal / légal

tsy ara-dalàna / ara-dalàna

intelligent / stupide

mahay / vendrana

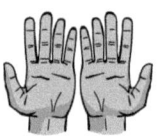

gauche / droite

havia / havanana

proche / loin

akaiky / lavitra

nouveau / usé

vaovao / tranainy

rien / quelque chose

tsy misy / misy

vieux / jeune

antitra / tanora

marche / arrêt

mandeha / maty

ouvert / fermé

mivoha / mihidy

faible / fort

mangina / mitabataba

riche / pauvre

manankarena / mahantra

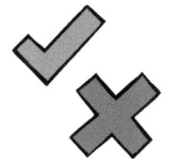

correct / incorrect

marina / diso

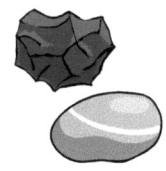

rugueux / lisse

marokoroko / malama

triste / heureux

malahelo / faly

court / long

fohy / lava

lent / rapide

mora / faingana

mouillé / sec

mando / maina

chaud / froid

mafana / mangatsiaka

la guerre / la paix

ady / fahalemana

0

zéro

aotra

1

un / une

iray

2

deux

roa

3

trois

telo

4

quatre

efatra

5

cinq

dimy

6

six

enina

7

sept

fito

8

huit

valo

9

neuf

sivy

10

dix

folo

11

onze

iraikambinifolo

12
douze
roambinifolo

13
treize
teloambinifolo

14
quatorze
efatrambinifolo

15
quinze
dimiambinifolo

16
seize
eninambinifolo

17
dix-sept
fitoambinifolo

18
dix-huit
valoambinifolo

19
dix-neuf
siviambinifolo

20
vingt
roapolo

100
cent
zato

1.000
mille
arivo

1.000.000
le million
tapitrisa

l'anglais

Anglisy

l'anglais américain

Anglisy amerikana

le chinois mandarin

Fiteny sinoa mandarina

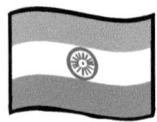

le hindi

Hindi

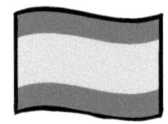

l'espagnol

Espaniola

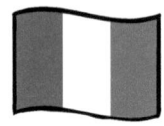

le français

Frantsay

l'arabe

Fiteny arabo

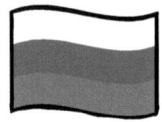

le russe

Fiteny rosiana

le portugais

Portogey

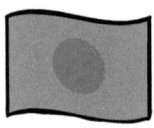

le bengali

Bengaly

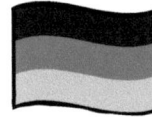

l'allemand

Alemà

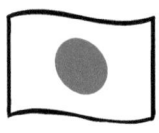

le japonais

Japoney

je

izaho

tu

ianao

il / elle / ce, c', cela

izy / io

nous

isika

vous

ianao

ils / elles

zareo

Qui ?

iza?

Quoi ?

inona?

Comment ?

ahoana?

Où ?

aiza?

Quand ?

oviana?

le nom

anarana

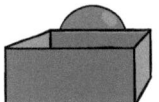

derrière

aorina

dans

anaty

devant

anoloana

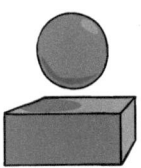

au-dessus

any

sur

ambony

en-dessous

ambany

à côté de

ankila

entre

afovoany

le lieu

toerana